AF496024

RÉPONSE

AU MÉMOIRE

DE

M. L'ABBÉ TARDIVAIL.

Gimont, le 28 Octobre 1847.

L'homme de bien trouve sa gloire dans le témoignage de sa conscience : et s'il lui arrive d'être accusé calomnieusement par des hommes injustes ou méchans, il garde le silence, parce qu'il sait bien que sa vie entière lui tient lieu d'apologie, et parle plus haut que tous ses accusateurs.

Ce serait là, peut-être, le parti le plus convenable à prendre par M. l'abbé Baylac et par moi au sujet de la triste affaire qui depuis neuf mois préoccupe à notre égard les esprits dans Gimont. Devons-nous répondre au Mémoire qui vient d'être dirigé contre nous? Ou bien, ne vaudrait-il pas mieux, dans l'intérêt de la Religion et pour éviter du scandale, le laisser passer comme inaperçu, et abandonner à la population de Gimont, qui connaît tous ses prêtres, le soin de nous juger et de nous apprécier les uns et les autres? Les sentiments des personnes graves sont partagés sur ce point. Pour nous, la question n'est point douteuse, puisque l'honneur ne nous laisse pas la liberté du choix. M. Tardivail déclare que si nous nous taisons, il prend acte de notre silence, et que nous

1847

sommes par conséquent censés nous tenir pour battus. Il nous provoque donc, il nous porte un défi, il nous propose le combat. Nous l'acceptons sans hésiter. Nous ne désirons ni ne redoutons la publicité pour aucun des actes de notre vie : et , forts de la vérité, nous paraîtrons à l'égard de M. Tardivail devant le tribunal du public, pleins de calme et d'assurance, comme nous l'avons été dans l'assemblée respectable et auguste où il a été convaincu et condamné.

L'auteur d'un Mémoire doit être fidèle dans la narration des faits comme l'historien : il doit être toujours vrai. Mais s'il lui arrive de dénaturer les faits ou de les passer sous silence, il trompe ses lecteurs et les met dans l'impossibilité de porter un jugement exact. Tel est le vice capital du Mémoire auquel je réponds aujourd'hui. Plusieurs faits sont altérés et présentés sous un faux jour ; je m'attacherai à les rétablir tels qu'ils se sont passés. Plusieurs circonstances ont été omises, quoiqu'elles soient de la plus grande importance ; je les ajouterai aux faits déjà connus, et alors la vérité paraîtra dans tout son éclat. De plus, je rapporterai fidèlement les paroles et les actes de nos Supérieurs qui se rattachent à cette affaire, puisqu'ils ont bien voulu me le permettre. Mes lecteurs doivent donc ajouter une foi entière à tout ce que je dirai d'officiel, et être bien persuadés que je respecte trop mes Supérieurs, et que je me respecte trop moi-même pour les faire parler ou agir jamais, au préjudice de la vérité, suivant mes caprices ou mes intérêts.

Enfin, je déclare en mon âme et conscience que je dirai la vérité et toute la vérité, autant du moins que la politesse ou la prudence pourront me le permettre. Et qu'on ne croie pas que je me livre de gaîté de cœur à une lutte si scandaleuse, ou que j'agisse par le seul plaisir d'humilier un adversaire. Bien loin de là ; l'intérêt de la Religion, encore plus que le mien et celui de M. l'abbé Baylac, a été seul capable de triompher des répugnances de mon cœur, pour me faire rompre le silence et entreprendre un si pénible débat. Je déplore donc bien vivement la malheureuse nécessité où je me vois réduit de révéler aux yeux du public des faits qui, pour l'honneur du Sacerdoce, auraient dû rester cachés dans un éternel oubli. J'espère que Dieu m'aidera en cette occasion, afin que je n'oublie ni ce que je dois à l'Église, ni ce que je me dois à moi-même.

Et vous, mes chers Paroissiens, vous me pardonnerez, si je semble m'éloigner aujourd'hui des règles de cette charité que je vous prêche tous les jours. Vous le savez, je n'ai point provoqué le combat ; je me bats en légitime défense. Dieu l'a permis ainsi pour vos intérêts, et encore plus pour les miens. Quelques-uns d'entre vous, égarés par de fâcheuses préventions, ou ignorant ce qui s'était passé, m'avaient jugé trop sévèrement, et me donnaient des torts que je n'avais pas. Aujourd'hui la vérité pénétrera dans leur cœur, et ils me rendront justice. Ils peuvent, du reste, se rassurer ; je ne leur en veux point, et je leur pardonne très-volontiers quelques momens d'erreur : je suis et serai toujours leur pasteur et leur ami. Je ne m'étonne point qu'ils aient eu tant de peine à croire des choses presque incroyables.

M. Tardivail attribue tous ses malheurs à l'envie : il a raison, et nous pensons comme lui. Rien de plus criminel que l'envie : on ne saurait dire la multitude des maux qu'elle produit. Mais de quel côté se trouve ici cette passion détestable ? C'est sur quoi nous ne serons assurément pas d'accord avec M. Tardivail. Pour nous qui, grâce à Dieu, ne sommes pas travaillés par cette maladie, nous n'acceptons pas l'imputation qu'il nous fait d'avoir été jaloux de sa position. Il dit dans son Mémoire que la *tranquillité heureuse et le repos aimé* dont il jouissait à Gimont ont été un objet d'envie, un sujet d'attaque. Et pour donner une apparence de vérité à cette accusation calomnieuse, il ose, lui prêtre d'un Dieu pauvre, nous faire un étalage pompeux de tout ce qui fait son bonheur présent, de tout ce qui doit faire son bonheur à venir. Ici, un charitable désir, non pas de lui nuire, comme il le dit lui-même, mais de lui témoigner l'amitié que nous lui portons, arrête notre plume............ Que les habitants de Gimont, qui nous connaissent tous les trois, veuillent bien considérer, sous tous les points de vue, le cours de notre carrière sacerdotale, telle que nous l'avons parcourue jusqu'ici. Je leur demande si, depuis treize ans que M. l'abbé Tardivail est avec nous, il s'est trouvé une époque où nous ayons pu porter envie à sa position. Nous en appelons à la justice, au bon sens de tous les habitants de Gimont, et même de Simorre. Qu'il nous suffise donc de faire savoir à M. Tardivail que dans tout cet extérieur de bonheur qui l'entoure, nous ne trouvons rien qui soit digne d'envie; et que notre bonheur à nous consiste et consistera toujours dans l'accomplissement de nos devoirs, dans la bienveillance de nos Supérieurs.

Après avoir cherché à établir comme un principe évident que l'envie, et l'envie seule a formé contre lui une sorte de ligue dont M. Baylac et moi sommes les agens, M. Tardivail fait le tableau de sa position morale et physique. Une tranquillité parfaite d'esprit et de cœur : une vie exempte de toute espèce de sollicitudes : une trempe de caractère telle qu'on est toujours absorbé en soi, sans jamais s'occuper des autres : une seconde mère toujours prête à prévenir les peines et les afflictions qui pourraient se présenter : une maison commode et élégamment meublée : enfin toutes les conditions réunies d'une vie tranquille et heureuse selon le monde. Voilà ce que M. Tardivail appelle une position digne d'envie, et même enviée par des hommes qui sont comme lui les ministres de celui qui leur a dit : vous serez toujours dans le travail et dans les peines. Nous n'examinerons pas ici si c'est là le genre de vie que le prêtre vraiment prêtre doit rechércher : si le prêtre peut languir dans un indolent repos, ou bien s'il doit mener une vie constamment active et laborieuse : si le prêtre peut faire des épargnes pour s'établir commodément dans cette vie, ou bien s'il doit répandre dans le sein des pauvres et de l'Église tout ce qui n'est pas nécessaire pour son modeste entretien : si le prêtre peut rechercher les douceurs de la famille sans porter ses soins ailleurs, ou bien s'il doit se sacrifier nuit et jour pour le salut des âmes auquel il s'est voué par état. Il n'entre pas dans notre plan de rechercher ces diverses choses, encore moins d'en faire l'application à personne. Cela nous éloignerait trop de notre sujet. J'entre dans la narration et la discussion des faits.

Je commencerai par la conversation qui eut lieu dans notre sacristie, le 30 décembre dernier, entre mes deux vicaires et moi. M. Baylac, qui avait toujours montré la plus grande répugnance pour recevoir un supplément de traitement que nous avions chacun à lui donner pour égaliser ses appointements avec les nôtres (c'était la misérable somme de 16 fr.), nous avait priés instamment de ne plus lui en parler, et d'employer cette somme pour l'Église, ou pour quelqu'autre bonne œuvre. C'était donc pour lui faire plaisir que, depuis plusieurs années, je ne lui parlais plus de ce dit supplément. Sur la fin de décembre dernier, je crus devoir l'engager de nouveau à recevoir cette somme. Alors M. Baylac me répondit : « M. le Curé, vous n'êtes plus sur la ligne des vicaires ; » je ne consentirai jamais à diminuer votre traitement pour » augmenter le mien. » Sur de nouvelles instances que je lui fis, M. Baylac me répondit encore : M. le Curé, voulez-vous que nous soyons toujours d'accord ? Oh! oui, répondis-je à mon tour. Eh bien ! qu'il n'en soit plus question, dit M. Baylac. Je terminai la conversation en lui disant : puisque vous le voulez ainsi, il n'en sera plus question.

Jaloux sans doute de voir que nous demeurions d'accord sur ce point, comme nous l'étions sur tous les autres, l'auteur du Mémoire se permit de dire avec un ton de mépris qui lui était ordinaire envers M. Baylac, et que nous ne saurions expliquer : *que c'est petit !* Et M. Baylac de lui répondre aussitôt : *mais, s'il y a quelqu'un de petit ici, c'est toi.*

Piqué de cette réponse qu'il avait bien provoquée, et à laquelle néanmoins il ne s'attendait pas, M. Tardivail ne dit plus rien, et se retira en mordant ses lèvres. Ainsi se termina cette conversation, et je puis assurer que tout se passa entre nous avec beaucoup de modération et de convenance. Ç'a été pour moi une grande peine de me voir obligé d'entretenir mes lecteurs d'une chose si peu digne d'occuper des hommes graves. Les gens sensés l'ont considérée comme une puérilité qui ne devait pas entrer dans un sujet sérieux. Elle a cependant fait quelque impression sur les personnes simples : je ne m'en étonne pas, car cette conversation a été racontée par l'auteur du Mémoire d'une manière infidèle, et présentée sous de fausses couleurs. Je l'ai dite telle qu'elle s'était passée, et dépouillée de ce ton d'aigreur dont M. Tardivail s'est plû à l'orner ; mais il en avait besoin pour produire les effets qu'il avait en vue dans son Mémoire.

Quelques jours après cette conversation, c'est-à-dire, dans les premiers jours de janvier, on répandit dans les rues de Gimont un grand nombre de lettres anonymes. Ces lettres contenaient des propos injurieux contre moi et contre M. Tardivail : quant à M. Baylac, il y était représenté comme notre victime. Le contenu de ces lettres est relaté dans le Mémoire de M. Tardivail. Ce Mémoire rapporte même que ces lettres n'ont pas été jetées dans le même jour, mais *que leur émission s'est faite par intervalle et comme par accès.* Je ne connaissais pas cette particularité.

M. Baylac vint chez moi me parler de ces écrits ; je ne connaissais pas encore leur existence. Je fus d'abord porté à attacher bien peu d'importance à ces lettres, et à les traiter avec le mépris que méritent ces sortes de productions. Je dis cependant à M. Baylac : c'est sans doute quelqu'un de vos amis qui a fait ces anonymes. M. Baylac repoussa cette idée, en me répondant qu'il n'avait pas d'ami assez dévoué, et surtout assez méchant pour être capable d'un procédé aussi indigne. Mais, lui dis-je encore, cette lettre fait allusion à la conversation que nous avons eue à la sacristie : qui voulez-vous qui eût pu en rapporter le résultat, puisqu'il n'y avait que nous trois ? Je ne sais, me répondit-il ; mais je n'en ai parlé à personne. M. Baylac se retira de chez moi frappé de mon observation. On conçoit aisément qu'une telle réponse était bien propre à lui faire de la peine, et qu'il ne pouvait pas laisser cette affaire là. Son premier soin fut de tâcher de se procurer quelques-unes de ces lettres : il s'adressa notamment à M. Serein, maire de Gimont, qui lui en remit une, en lui disant: « je crois, comme vous, que ces lettres ont été » écrites contre vous plutôt que contre vos confrères. C'est » quelqu'un de bien instruit qui les a faites. Mais n'en ayez » aucune peine, ajouta-t-il avec bienveillance, votre conduite » est connue ici de tout le monde: regardez cela comme le » fruit de la jalousie. » M. Baylac se retira donc avec cette lettre, et la promesse que bientôt il en recevrait une autre, mais dont l'écriture était bien moins déguisée. En effet, peu de jours après, il reçut cette lettre qu'il attendait avec la plus grande impatience.

Nanti de ces deux pièces, M. Baylac les compare avec un manuscrit dont il était détenteur : il croit trouver de la ressemblance dans les écritures. Il me fait part de ses observations. Alors j'appelle auprès de moi quelques personnes graves et recommandables : je les prie de confronter ces lettres avec l'écriture de la personne soupçonnée, sans toutefois la nommer. Et cette communication que je leur fais, ce n'est point pour obtenir d'elles une expertise, comme l'a prétendu M. Tardivail, mais pour m'aider de leurs conseils, et voir avec elles si l'examen des écritures produirait sur elles la même impression que sur nous. Ces personnes furent frappées comme nous de l'analogie de ces écritures anonymes avec l'écriture ordinaire.

Je n'avais encore que des soupçons, mais très forts. Alors je crus nécessaire de faire examiner ces écritures par les personnes les plus compétentes. Je me rendis à Auch, mais sans **M.** Baylac. Je m'adressai à une personne habile en cette matière : je la priai de confronter les écritures et de me dire son sentiment. Elle les examina avec soin, et me dit ensuite qu'il n'y avait nul doute que les lettres anonymes et le manuscrit que je lui présentais, et dont elle ignorait l'auteur, ne fussent de la même personne : elle ajouta qu'elle en prêterait serment quand on voudrait. Je fus alors frappé comme d'un coup de foudre : les pensées les plus tristes, les sentiments les plus douloureux agitaient mon âme avec violence. J'avoue que dans ce moment je regrettai de ne pas avoir ignoré toute ma vie une action aussi méchante. J'en sentis toute la gravité, j'en prévis toutes les conséquences. Quel parti prendre ? J'hésite...... Mon cœur est oppressé des sentiments les plus pénibles......

Tristement convaincu de connaître l'auteur de ces lettres anonymes, je crus que dans cette circonstance délicate, j'avais besoin des plus sages conseils. J'allai trouver un de MM. les Vicaires généraux, celui-là même que je connaissais depuis plus longtemps, et qui avait été au Séminaire le directeur de mes études et de ma conscience. Je l'entretins de ce qui se passait dans notre paroisse : je lui confiai en même temps le résultat de nos recherches. J'ajoutai que je prétendais lui parler sous le sceau du secret le plus absolu, comme en confession ; et je voulais surtout que comme Vicaire général il ne pût en faire aucun usage. Il me le promit. Mais quel ne fut pas mon étonnement, lorsqu'il m'apprit que l'existence de ces lettres était connue à l'archevêché, et que Mgr. l'Archevêque en avait reçu une semblable par la poste. A cette nouvelle, mon étonnement redoubla, et je me livrai à une foule de réflexions sur l'origine de ces lettres, sur le sens qu'il fallait leur attribuer, et le but que l'auteur avait en vue en les écrivant. J'avais déjà entrevu le motif qui les avait dictées, malgré la ruse diabolique avec laquelle on avait cherché à le cacher. Pour quelqu'un qui ne s'arrête pas à l'écorce de ces lettres, il est aisé de voir qu'elles avaient pour but unique de jeter une pomme de discorde entre M. Baylac et moi, de m'exaspérer, d'exciter ma susceptibilité contre lui, afin de me déterminer, pour avoir un peu de tranquillité moi-même, à l'éloigner de moi en demandant son changement. Je me souvins alors de plusieurs autres lettres semblables qui avaient été adressées à nos Supérieurs il y a sept ans : c'est toujours le même sens, toujours la même manœuvre. Je ne pouvais en aucune façon rejeter ces lettres sur quelqu'un des amis de M. Baylac ; car ces lettres sont évidemment l'œuvre d'une personne qui a de l'instruction, comme on le voit par l'érudition et la contexture de ces écrits. Or, parmi les amis un peu érudits de M. Baylac, il n'y en a aucun dans Gimont, qui soit à la fois ennemi de moi, de M. Tardivail et des autres personnes recommandables qui se trouvent compromises dans ces lettres. Je ne me permettrai point de nommer ici ces personnes, à cause de la grande vénération que j'ai pour elles. Je dirai encore, que si un véritable ennemi de M. Tardivail eût fait ces lettres, au lieu de mettre en scène des personnes au-dessus de tout soupçon, avec lesquelles M. Tardivail n'a point eu de rapports et qu'il n'a jamais fréquentées, il aurait cherché des noms qui eussent pu offrir quelque apparence de vérité.

Mais, indépendamment des réflexions auxquelles je me livrais touchant l'origine et le but de ces lettres, je m'apercevais aussi que ces anonymes pouvaient produire dans l'esprit de Mgr. l'Archevêque des effets fâcheux pour M. l'abbé Baylac : le faire considérer comme un sujet de division parmi le clergé de la paroisse et un obstacle au bien spirituel : inspirer à Sa Grandeur de fâcheuses préventions contre lui, et provoquer pour un bien de paix le changement de ce vicaire, qui néanmoins possède l'estime de tous les habitants de Gimont. Pour moi, je n'avais rien à craindre de l'auteur des anonymes, quel qu'il fût : par ma position, j'étais au-dessus de ses atteintes. Il m'eût donc été bien facile (et je l'avais mis dans mes projets) de sacrifier l'injure personnelle qui m'était faite. Mais il était possible aussi que M. Baylac fût victime de cette machination infernale. J'avais donc à remplir un devoir de justice envers lui, et il fallait informer Mgr. l'Archevêque de tout ce qui se passait.

Tels sont les motifs qui m'ont déterminé à déférer cette affaire au tribunal de nos Supérieurs ecclésiastiques. Je n'en avais point d'autres, quoiqu'en dise le Mémoire. Je n'ai eu besoin d'être poussé, et je n'ai été poussé par personne. Je rejette donc formellement comme fausse l'imputation par laquelle il m'attribue d'avoir dit : *j'ai été poussé*. Je ne l'ai point dit, parce que cela n'est pas vrai. Je ne reconnais d'ailleurs à personne le pouvoir de me faire faire une chose qui serait contraire à ma conscience.

Je me transportai donc à l'archevêché ce même jour : c'était le 28 janvier. Je remis à Monseigneur toutes les lettres, en le priant d'examiner et de peser toutes choses avec sa prudence accoutumée. Alors je fis part à Sa Grandeur de mes craintes, de mes soupçons, pour ne pas dire de mes convictions. Je le priai de s'en éclaircir lui-même. Ce n'est pas encore assez : et afin que le jugement que porterait Monseigneur fût à l'abri de toute influence étrangère, je lui adressai plus tard une lettre, pour le supplier de n'avoir aucun égard aux preuves que j'avais acquises par moi-même, mais de remettre tout en question, comme s'il n'avait rien appris de moi.

Notre triste tâche finit ici. Dès le moment que les pièces avaient été remises à nos Supérieurs qui sont nos juges naturels, nous n'avions plus rien à faire qu'à abandonner notre cause à leur prudence et à leur sagesse. C'est ce que nous avons fait avec une docilité filiale et une confiance entière. Par cela seul que cette affaire était soumise à leur jugement, et qu'ils voulaient bien se charger de l'examiner, nous étions bien sûrs qu'il en résulterait une sentence pleine d'équité. Telle est la conduite que nous avons tenue : tels sont les sentiments que nous avons toujours manifestés : nos Supérieurs eux-mêmes nous en seront garants. On voit par là combien M.

Tardivail est peu fondé, en nous représentant comme des hommes résolus de faire à tout prix une victime, *innocente ou coupable.*

Avant d'aller plus loin, qu'il nous soit permis de répondre ici au reproche que M. Tardivail fait à M. Baylac et à moi, de ne pas l'avoir initié de suite dans les soupçons que nous avions conçus, de ne pas nous être ouverts à lui, afin de lui fournir le moyen de donner les explications qui pouvaient jeter quelque lumière sur un fait qui jusque là demeurait encore enseveli sous l'ombre du mystère. Il est important que nos lecteurs connaissent la nature des rapports qui existaient entre M. Baylac et M. Tardivail. Ce dernier avoue dans son Mémoire, d'une manière plus naïve qu'honorable pour un prêtre, *qu'il était sans sympathie pour M. l'abbé Baylac.* Il aurait parlé d'une manière plus exacte et plus vraie, s'il eût dit qu'il était animé envers son collègue d'un sentiment tout opposé, et même d'une manière très-prononcée : je ne le savais que trop. Je le dis avec peine : mais puisque M. Tardivail nous oblige à prendre le public pour juge, il faut bien que le public sache la vérité. J'ai remarqué très-souvent, comme peuvent l'attester plusieurs des ecclésiastiques qui fréquentent notre sacristie, que toutes les fois que M. Baylac disait quelque chose en présence de M. Tardivail pour prendre part à la conversation, ce dernier ne manquait pas de hausser les épaules, en cherchant à jeter du ridicule sur ce que disait son collègue. Et dans une foule de circonstances, j'ai eu le soin de m'emparer de la conversation, pour éviter que ce ton de mépris ne fût la source de quelque discussion fâcheuse. Que pouvait faire M. Baylac dans cet état de choses ? Il eut été beau, sans doute, il eût été même courageux de sa part, d'aller trouver M. Tardivail, et de lui dire en face ce qu'un homme de cœur dit à un homme de cœur, ce qu'un homme franc dit à un homme franc : langage qui n'est jamais sans effet sur un cœur noble et généreux, quoique susceptible d'un moment de faiblesse. Mais M. Baylac était assuré qu'il ne trouverait point ce genre de sympathie : c'est pour cela qu'il n'a rien dit à M. Tardivail.

Quant à moi, je n'avais que trop de raisons pour me tenir dans les bornes d'une circonspection extrême avec M. Tardivail. Je cherchais à connaître l'auteur des écrits anonymes. Or, pour arriver à cette connaissance, je devais marcher avec prudence, et observer attentivement tout ce qui se passait autour de moi : et c'est ce que j'ai fait. Mais, au lieu d'avoir à justifier mon silence envers M. Tardivail, ne dois-je pas devenir à mon tour accusateur, et dire : pourquoi M. Baylac est-il le seul de mes vicaires qui m'ait parlé de ces lettres anonymes, tandis que M. Tardivail, qui y était incriminé comme moi, ne m'en a jamais dit un mot. Pourquoi, dès le moment de l'apparition des lettres, M. Tardivail s'est-il entièrement isolé de moi ? Pourquoi est-il devenu tout à coup envers moi morne et taciturne, tandis qu'auparavant il était presque toujours des premiers à m'adresser la parole ? Pourquoi sa contenance était-elle totalement changée dans nos réunions à la sacristie, au point que tous ceux qui la fréquentaient en étaient frappés d'étonnement ? Pourquoi enfin, je ne sais par quelles vues, M. Tardivail est-il devenu, dans le même temps, si poli envers les prêtres qui venaient dire la Messe dans notre église, lui qui ne les gratifiait ordinairement que d'une prévenance tout au plus suffisante, mais dont ils étaient accoutumés à se contenter, faute de mieux ? Ces messieurs, qui ignoraient ce qui se passait, étaient tellement frappés de ces politesses exagérées et inaccoutumées, qu'ils ne savaient à quoi attribuer ce changement : ils en ont plusieurs fois témoigné leur admiration. Pour moi, je ne crois trouver ici rien à admirer, rien à louer. Je prie seulement mes lecteurs d'apprécier l'étrangeté d'une si subite transformation à mon égard, et d'en étudier les causes. Je rentre dans la narration des faits.

J'ai déjà dit que j'avais remis les lettres à Mgr. l'Archevêque le 28 janvier : et ce n'est que dans le milieu du mois de mars que M. Tardivail a été appelé à l'Archevêché. Il est

aisé de voir que dans ce mois et demi il y a eu un espace de
temps assez considérable, pour porter les soins les plus scru-
puleux dans l'examen de cette affaire, et que M. Tardivail
n'a point de raisons pour soutenir que l'on a agi envers lui
avec une déloyale précipitation. M. Tardivail assure dans
son Mémoire, d'un ton fort tranchant, qu'il a ignoré l'existence de ces lettres jusqu'au moment de son entrevue avec
Monseigneur, c'est à dire, jusqu'au 17 mars. L'on avouera
qu'ici la vraisemblance manque tout-à-fait. Comment! vous
n'avez pas entendu parler de ces *méchants écrits* répandus
dans toute la ville, tandis qu'ils ont été, pendant tant de
jours, l'unique sujet d'entretien dans toutes les familles, dans
toutes les boutiques, dans tous les cafés, et dont les enfants
eux-mêmes s'entretenaient au milieu de leurs divertisse-
ments? Il nous serait bien aisé de prouver qu'à cette même
époque une dame qui habite dans votre maison a lu une de
ces lettres, qu'elle voulait la faire brûler, si la personne qui
la lui avait portée avait voulu y consentir. Maintenant, est-il
vraisemblable que ni cette dame que vous appelez votre
seconde mère, ni aucune des personnes qui fréquentent jour-
nellement votre maison, n'aient jamais parlé de ces lettres
en votre présence? Tout le monde en parlait, et vous auriez
pu seul les ignorer? Mais l'on vous en a parlé à vous-même;
ne vous en souvenez-vous plus? Faut-il que nous soyons
obligés de venir nous-mêmes en aide à votre mémoire?
Avez-vous donc oublié la conversation que vous avez eue
vers le milieu de janvier avec un très-honorable ecclésiastique
de Gimont, en lui rendant la visite du premier de l'an?
Ne vous a-t-il pas parlé des lettres anonymes? Ne vous a-t-il
pas dit : « *dans ces lettres jetées dans les rues on vous fait*
» *faire de très bons repas avec M. le Curé.* » Il est vrai que
vous ne répondîtes pas à la question; mais votre silence même
était plus expressif que bien des paroles que vous auriez pu
dire.

M. Tardivail eut donc une entrevue avec Mgr. l'Archevêque le 17 mars. Que se passa-t-il dans cette entrevue? J'en ignore une partie. Arrivé d'Auch, M. Tardivail vint me voir le lendemain. Il me dit que Mgr. l'Archevêque l'avait appelé auprès de lui pour lui demander des renseignements au sujet des lettres anonymes qui avaient été trouvées dans les rues de Gimont, mais qu'il n'avait pu rien apprendre à Sa Grandeur sur ce fait, puisqu'il n'en avait point entendu parler lui-même, et qu'il ignorait entièrement l'existence de ces lettres. M. Tardivail me fit ensuite des questions multipliées à cet égard, et me demanda à quelle époque ces lettres avaient paru, s'il y en avait un grand nombre, quel en était le contenu, etc. Je demandai à mon tour à M. Tardivail si Monseigneur lui avait fait part de quelques soupçons sur l'origine de ces lettres, s'il ne lui avait pas fait comprendre qu'il croyait en connaître l'auteur. M. Tardivail me répondit que Monseigneur ne lui avait rien dit à ce sujet. D'après cela j'écrivis à un de MM. les Vicaires généraux pour me plaindre de ce que l'on n'avait pas parlé à M. Tardivail d'une manière plus explicite, et je demandai surtout pourquoi on ne lui avait pas fait connaître franchement quelle était la personne soupçonnée d'avoir fait ces écrits anonymes. Ce Vicaire général me répondit que Monseigneur avait dit toute sa pensée à M. Tardivail, et lui avait parlé dans le sens et sur le ton d'un Évêque convaincu. Je vis alors que M. Tardivail m'avait rendu compte de sa conversation avec Mgr l'Archevêque d'une manière tout opposée à la vérité.

Mais cette première conversation que j'eus avec M. Tardivail n'était que le prélude d'une conversation bien plus importante qui eut lieu entre nous quinze jours plus tard. Il y avait déjà deux mois que notre triste affaire était portée à l'Archevêché; la solution ne pouvait pas se faire attendre long-temps. On va voir que le résultat en était prévu d'avance par M. Tardivail. Je vais rapporter textuellement notre conversation. C'est M. Tardivail qui parle le premier. « Je viens

» vous parler au sujet de notre affaire : afin d'éviter un éclat,
» il faut la terminer entre nous. On m'a dit qu'il y avait
» une lettre qui ressemblait plus à mon écriture que les
» autres : je viens vous la demander afin de la confronter
» avec des lettres que j'ai aussi , et que je montrerai en
» temps et lieu. — Je ne l'ai pas ici , vous savez que toutes
» les pièces sont à l'Archevêché. — Mais vous pourriez la
» faire venir. — Non : si vous avez quelque lettre ou quel-
» qu'autre chose qui soit en votre faveur, vous pouvez l'en-
» voyer à Monseigneur : il le comparera avec le reste , et il
» jugera. — Je ne reviendrai pas chez l'Archevêque ; j'y
» suis allé deux fois, c'est bien assez. D'ailleurs, l'Archevêque
» vous donnera toujours raison : certainement il ne jugera
» pas en faveur d'un vicaire contre son curé. — Vous vous
» trompez. Notre Evêque est le père commun de tous ses
» prêtres, et il a assurément assez de fermeté pour donner
» tort à un curé s'il est répréhensible envers son vicaire.
» Envoyez-lui votre lettre : ajoutez-y des notes, s'il le faut :
» allez-y même, ce sera encore mieux. Il est très juste d'ac-
» corder à un accusé tout ce qui peut contribuer à faire
» voir son innocence. — Enfin, vous me parlez toujours de
» l'Archevêque. Finissons-en entre nous : je vous le dis dans
» vos intérêts. — Il est inutile que vous insistiez : j'ai été
» trop mal traité. Il faut que cette affaire fasse son cours, et
» que chacun soit traité comme il le mérite. — Enfin, que
» m'arrivera-t-il ? Je serai condamné : je m'y attends. »
Ainsi finit cette conversation. La dernière parole est digne
de remarque : *je serai condamné , je m'y attends.* Ce n'est
pas là le langage ordinaire de l'innocence : car un innocent
accusé espère toujours en la providence , alors même qu'il
désespère des hommes.

M. Tardivail fut révoqué de ses fonctions de vicaire le
14 avril. Il dit dans son Mémoire que Mgr. l'Archevêque
avait fixé le 19 du même mois, pour prononcer son jugement
en notre présence et celle de M. Tardivail. Il se plaint donc

amèrement de ce que *par un manque de parole, par un déni de justice*, on l'a condamné d'avance, sans le prévenir, et par conséquent sans lui avoir laissé les moyens de se défendre. Je crois nécessaire de rapporter les propres paroles du Mémoire : les voici (page 14). *Cette époque, vous eûtes la bonté de la fixer vous-même, Monseigneur. Je sus , et M. le curé sut comme moi, que nous devions vaquer pacifiquement et chrétiennement aux besoins du Sacerdoce, jusqu'au jour où Votre Grandeur devait nous entendre. Ce jour fut fixé au lendemain de l'expiration du temps Pascal, 19 avril , je l'inscrivis profondément dans ma mémoire, et M. l'abbé Dousset dut en garder soigneusement la date.* Voilà , sans doute, des paroles très-claires, une promesse bien précise et bien positive. Pour en faire un bel et bon argument contre Mgr. l'Archevêque et contre moi, il ne leur manque qu'une condition, c'est d'être vraies. Jamais Mgr. l'Archevêque n'a donné avis ni à M. Baylac ni à moi de cet ajournement fixé au 19 avril. Je me souviens que M. Tardivail me dit un samedi soir à la sacristie qu'il avait demandé de différer le jugement de son affaire jusqu'au lendemain du temps Pascal, 19 avril , et qu'il désirait que cela se fît en notre présence. Je ne fis, et n'avais à faire à cela aucune opposition. Mais Sa Grandeur ne m'a jamais parlé d'avoir accordé ce délai. Je sais très bien, au contraire, qu'un ecclésiastique du collége étant allé à Auch, dans cet intervalle de temps, Monseigneur le chargea de me presser de lui envoyer quelques objets qu'il m'avait demandés, disant qu'il voulait en finir vite avec cette affaire qui lui était infiniment à charge. J'allai moi-même à Auch le 12 avril, et Monseigneur ne me dit pas un mot de cet ajournement au 19. Il ne pouvait me le dire, puisqu'il ne l'avait pas accordé. Que M. Tardivail fasse des suppositions à mon égard tant qu'il voudra : qu'il me dise assez méchant pour arracher à Monseigneur une condamnation avant le temps convenu : libre à lui, je ne me défendrai pas, parce que je suis bien peu de chose. Mais qu'il aille dire que notre vénérable Prélat a été assez faible pour manquer à une parole donnée, et cela uniquement pour satisfaire à mes suggestions ; c'est un peu trop fort........ Les expressions me manquent pour qualifier sa conduite : je ne puis que le plaindre de s'oublier à ce point. Et finalement, quel intérêt avions-nous, Mgr. l'Archevêque et moi, à faire juger l'affaire sept jours plutôt ou plus tard ? Le résultat ne devait-il pas en être le même, comme nous le verrons dans un instant ? Mais en disant qu'on avait manqué à une parole donnée pour le juger sans l'entendre, M. Tardivail trouvait là de quoi faire un argument qui éblouirait quelques personnes : cela lui suffisait pour le moment.

Quelques jours après que M. Tardivail fut privé de son titre de vicaire, j'allai à l'Archevêché, et là j'appris que Mgr. l'Archevêque savait déjà que M. Tardivail célébrait le saint-sacrifice de la messe dans sa maison, sans aucune autorisation de ses Supérieurs. Faute très grave! et que rien ne saurait justifier. Le cœur du vénérable Prélat en fut vivement ému. On ne pouvait pas supposer ici un péché d'ignorance ; car il suffit de posséder les premiers éléments de la science sacerdotale, pour savoir qu'aucun prêtre ne peut de sa propre autorité célébrer les Ss. Mystères dans un lieu qui ne serait pas spécialement bénit pour cela : c'est formellement défendu par les saints Canons; et l'Évêque lui-même, hors de son palais épiscopal, n'a pas le pouvoir, sans une très grave nécessité, de dire la messe dans une habitation particulière. Cette innovation à laquelle M. Tardivail s'était laissé aller, indépendamment de la question de droit, produisait encore un effet moral très-fâcheux : c'était se mettre en état de schisme, élever autel contre autel, et secouer le joug de toute subordination. Mgr. l'Archevêque, qui en voyait toute la gravité, m'envoya une lettre dans laquelle il déclarait M. Tardivail frappé de suspense *ipso facto,* dans le cas où il célébrerait encore une fois la messe dans sa maison ou dans tout autre lieu de cette nature. Je jugeai à propos, par un sentiment de charité, de différer l'exécution de l'ordre qui m'était donné, aux dépens même d'en assumer sur moi toute la responsabilité. Je voulais laisser à M. Tardivail le temps de réfléchir et de rentrer en lui-même. Je savais d'ailleurs qu'un excellent ecclésiastique lui donnait des conseils charitables: je voulus en attendre l'effet, afin d'éviter à M. Tardivail de se voir flétri par une suspense, tache dont un prêtre ne se lave jamais, au moins aux yeux du public. Je ne fus pas trompé dans mon espoir : j'appris que le dimanche suivant M. Tardivail avait dit la messe à la chapelle de Cahuzac. Alors je fis part à Mgr. de la conduite que j'avais cru devoir tenir ; il approuva ma modération, et son cœur fut soulagé d'avoir à suspendre le coup qu'il était sur le point de frapper.

A cet acte de bonté, Monseigneur en ajouta bientôt un autre, preuve évidente qu'un Évêque est toujours un père qui ne cesse d'aimer ses prêtres dans le temps même qu'il est obligé de sévir contre eux. Sa Grandeur avait appris que M. Tardivail se livrait à beaucoup de murmures contre ses Supérieurs, disant surtout qu'on lui avait promis une confrontation avec nous, et que néanmoins on ne la lui accordait pas. Aussitôt que le Prélat revit M. Tardivail, il lui en fit des reproches en ces termes: « Vous dites que je vous refuse une confronta- » tion avec vos collègues, et un examen de votre affaire, fait » devant nous et devant eux? Eh, malheureux! n'est-ce pas » moi-même qui vous ai offert cette confrontation? — Je » l'avais oublié. — Ah! il ne faut pas oublier des choses » comme celles-là. » Et alors il fut arrêté que nous irions tous trois comparaître devant Sa Grandeur le 3 mai.

Voici le récit de ce qui se passa à cette mémorable assemblée, et l'on verra combien M. Tardivail l'a rendu peu fidèlement dans son Mémoire. Nous étions tous les trois, M. Baylac, M. Tardivail et moi, en présence de Mgr. l'Archevêque, de ses trois vicaires généraux, de M. le secrétaire général de l'Archevêché et de M. le sous-secrétaire. D'après l'invitation qui nous en fut faite par Sa Grandeur, nous nous mîmes tous à genoux pour invoquer les lumières du St-Esprit. Monseigneur, dans un exposé clair et méthodique, a reproduit l'ensemble et tous les détails de cette affaire, depuis le principe jusques au moment présent. Sa Grandeur a ensuite adressé quelques interpellations à M. Tardivail; et par suite de ces interpellations, s'est engagée une discussion à laquelle nous avons pris part tous les trois. Je ne la rapporterai pas ici, parce qu'elle n'offre rien d'intéressant pour nos lecteurs. On s'est occupé en troisième lieu de l'examen et de la confrontation des écritures, et je puis assurer qu'il y a eu bien plus de quatre ou cinq similitudes, et qu'elles ont été de plusieurs espèces, quoiqu'en dise l'auteur du Mémoire. M. Tardivail a produit le certificat de MM. Toussaint, Flamblant et Massia ; mais le jugement de ces messieurs, ne reposant que sur l'écriture qui a été soumise à leur examen, n'a pu influer en rien sur les observations qui avaient été faites à Auch : elles ont donc été maintenues. M. Tardivail a dit qu'il ne se tenait pas pour battu, et a demandé à Monseigneur de lui permettre de faire venir des experts de Bordeaux. Très-volontiers, a répondu Sa Grandeur : faites venir qui vous voudrez; pour nous, nous avons tout ce qu'il nous faut. Alors on a engagé M. Tardivail à rentrer en lui-même et à se repentir. On lui a adressé des paroles bien plus sévères encore; je ne les rapporterai pas ici, pour lui épargner l'humiliation de les voir reproduites au grand jour. Telle a été cette séance que M. Tardivail appelle une séance *nulle, sans résultat*, et où il n'y a eu *rien de défini*. N'est-ce pas formellement tout le contraire ? (1)

---

(1) Dans cette séance, il ne fut point question, quoique le Mémoire veuille l'insinuer, ni des partisans que M. Tardivail pouvait avoir à Gimont, ni des cartes de visite qu'il a droit de laisser au domicile des personnes qu'il ne trouve pas chez elles, etc. etc. Nous ne répondrons pas à ces puérilités qui sont fausses, ni à plusieurs autres faits contenus dans le Mémoire, qui sont également faux, ou du moins fort exagérés : nous ne les croyons pas dignes d'occuper des hommes graves.

Quelques jours avant de publier son Mémoire, M. Tardivail alla à l'Archevêché. Monseigneur remit le sujet de la conversation sur les experts; il rappela à M. Tardivail la demande que celui-ci lui avait faite le 3 mai. Sa Grandeur eut la complaisance de lui dire encore : « vous m'avez demandé la permission de faire venir des experts; je les attends depuis trois mois. Vous pouvez les appeler quand vous voudrez; ils se joindront aux personnes que nous avons consultées nous-même, et nous verrons. » On voit par là si M. Tardivail est fondé à dire qu'on lui a refusé de faire voir les lettres à des experts.

En terminant la narration des faits, je dois éclairer les habitants de Gimont sur un faux bruit qui a été répandu en ville depuis la publication du Mémoire de M. Tardivail. Il était nécessaire dans les intérêts de ce dernier, de faire voir que la lecture de son Mémoire avait produit sur les esprits un effet prodigieux en sa faveur, et que la réaction avait étendu son influence jusque sur les convictions de nos Supérieurs ecclésiastiques. Voici donc le moyen, tout à la fois simple et ingénieux, qu'on a cru devoir employer pour produire cet effet. Une ou plusieurs personnes officieuses se sont offertes de très-bonne grâce pour dire au public gimontois que Mgr. l'Archevêque avait changé de sentiments envers M. Tardivail, et lui avait adressé une lettre pour lui proposer un arrangement. Elles ajoutaient comme point de conviction qu'elles avaient vu elles-mêmes la lettre, et qu'elles avaient remarqué attentivement le sceau de l'Archevêché. Mais il n'en est malheureusement rien : cette nouvelle est entièrement controuvée comme bien d'autres; car je suis autorisé à dire qu'aucune lettre, émanant de l'Archevêché, n'a été adressée à M. Tardivail sur ce sujet. Ces personnes ne sont donc que les échos du mensonge.

Voilà le récit des faits relatifs à cette affaire : je les ai racontés avec franchise et simplicité. Mes intentions sont aussi pures que ma cause est bonne. J'éprouverais donc les plus vifs regrets, si j'avais prononcé pour mes intérêts une seule parole qui eût pu porter la moindre atteinte à la vérité.

Maintenant, je vais reproduire les principaux arguments sur lesquels repose tout l'échafaudage du Mémoire que je combats : j'y répondrai en peu de mots.

1° Accusé d'être l'auteur des lettres anonymes, M. Tardivail se plaint d'avoir été condamné et révoqué le 14 avril, avant d'avoir pu présenter sa défense.

Mais qui croira qu'à cette époque Monseigneur n'avait pas sur les lettres anonymes une conviction profonde ? Qui croira que Sa Grandeur a suivi la pente de ces *voies souterraines* qui devaient mettre l'exécution de M. Tardivail *avant sa condamnation* ? L'auteur du Mémoire a-t-il rapporté les paroles que Monseigneur lui avait adressées, dans les occasions différentes où déjà il avait paru plusieurs fois à l'Archevêché ? Accordons même un instant que M. Tardivail ait été condamné le 14 avril sans pouvoir produire ses moyens de défense; ne les a-t-il pas pu produire, ne les a-t-il pas produits à la séance du 3 mai où nous avons tous comparu ? Et parmi tous les moyens de défense qu'il a présentés, y en a-t-il eu quelqu'un qui ait été propre à amener sa justification ? Au contraire, il n'a rien dit, il n'a rien produit, qui ait pu faire révoquer la sentence qui avait été portée contre lui : et le jugement du 3 mai fait en sa présence, n'a été que la confirmation de celui qui avait été rendu sans lui le 14 avril. Comment donc peut-il avancer qu'il a été condamné sans être entendu ? Il y aurait eu quelque apparence à le dire, s'il eût publié son Mémoire dans l'intervalle du 14 avril au 3 mai : mais en ne le publiant qu'au mois de septembre, peut-il faire entendre ces paroles : *j'ai été frappé sans être entendu ?* Non, assurément. La vérité est qu'il a été entendu le 3 mai, que là il a présenté ses moyens de défense, et que néanmoins il a été condamné.

2° M. Tardivail dit qu'il a été condamné injustement, sans connaissance de cause, et partant presque sans compétence dans son juge. C'est ce qui résulte de cette partie du Mémoire, pages 20 et 21, où il demande la permission de faire entendre des gens de l'art pour l'examen des lettres anonymes, comme étant les seuls qui puissent fournir des éclaircissements sur ce chef d'accusation. Là il déclare qu'il appartient bien à Monseigneur de diriger le diocèse, mais que l'art des expertises n'obtiendra pas un seul de ses moments.

Que nos lecteurs veuillent bien se rappeler que Mgr. l'Archevêque, accédant au vœu de M. Tardivail, a accepté l'offre que celui-ci lui fit le 3 mai de faire venir des experts de Toulouse ou de Bordeaux : Sa Grandeur l'a même engagé depuis à les appeler. Chose étrange ! Voilà que pendant plus de quatre mois, toutes les portes de l'Archevêché ont été ouvertes et à M. Tardivail, et à tous les experts du monde qu'il voudrait y conduire pour faire examiner les écrits qui lui sont imputés : il le sait, et néanmoins ces experts qui, dans la pensée de l'auteur du Mémoire, devaient faire jaillir des torrents de lumière sur cette affaire ténébreuse, et proclamer son innocence, n'ont pas encore paru. Certes, ce n'est pas l'argent qui manque à M. Tardivail, pour parer aux frais de cette expertise, puisqu'il parle d'une somme de trois mille francs : c'est bien encore moins la volonté qui devrait lui manquer, car, en homme d'honneur, il ne pouvait renoncer à une voie si simple d'une légitime réhabilitation. Il n'en a cependant rien fait. Or, agir de la sorte, n'est-ce pas s'avouer implicitement coupable ?

Voilà pourtant une bien étrange contradiction dans laquelle est tombé l'auteur du Mémoire (et ce n'est assurément pas la seule) : il demande des experts, on les accepte. Pourquoi ne pas les faire venir ? Et si ensuite il ne juge pas à propos de les appeler, pourquoi se plaindre comme si on les lui avait refusés ? Pourquoi se récrier, comme si on lui avait fermé toutes les voies de justification ?

Mais, nous le savons, se récrier contre la sentence qui frappe, c'est le premier sentiment qui s'élève dans l'âme, même de l'homme le plus coupable, parce que dans sa faute il se promet toujours l'impunité, et que cette pensée domine en lui toutes les autres. Aussi, qu'au moment de sa condamnation, M. Tardivail ait senti son cœur brisé, et *que son âme ait un instant fléchi* sous le coup, nous le concevons sans peine ; mais s'il est sincère dans l'éloge qu'il fait de son Évêque et des dispositions paternelles de son cœur, comment peut-il supposer qu'un Prélat si plein d'amour pour son clergé, gardien naturel de l'honneur de ses membres, n'ait pas employé tous les moyens possibles de s'éclairer ; et que, cédant à de malignes suggestions, il eût en quelque sorte pris plaisir à punir un innocent ? L'injure, quels que soient les artifices du Mémoire pour la pallier, peut-elle être portée plus loin ?

Toutefois, que M. Tardivail reste bien convaincu, qu'en nous exprimant comme nous venons de le faire, il n'est nullement dans notre intention de défendre Mgr. l'Archevêque contre ses attaques. Pour nous, comme pour tout homme sensé, pour tous ceux qui ont le bonheur de connaître le vénérable Prélat, ses jugements comme sa personne, sont un objet de culte et de vénération : ils portent avec eux-mêmes leur pleine justification : et nous osons espérer que l'intérêt qu'il est toujours si honorable de porter au malheur, ne rendra pas plus longtemps injustes ceux qui se seraient laissés entraîner par un moment de surprise.

3° Examinons maintenant l'étrange conception d'un tribunal arbitral, composé de trois curés de canton qui ne pourraient statuer que sur les décisions motivées de trois experts au moins.

Est-ce bien sérieusement que l'auteur du Mémoire s'est arrêté à cette idée qu'il paraît produire avec tant de confiance ? Tâchons de nous le persuader un moment, et rappelons-lui les principes solides qui nous amèneront à une conclusion qui, pour n'être pas de son goût, n'en sera pas moins sans réplique. L'Apôtre, parlant aux Évêques, leur dit : l'Esprit-Saint vous a établis pour gouverner l'Église de Dieu. Eux seuls occupent le premier rang de la hiérarchie ecclésiastique, comme le définit le concile de Trente : les prêtres sont au second. Or, le pouvoir de gouverner qui leur est donné par l'institution divine, emporte nécessairement avec lui le droit et le pouvoir de juger, de condamner ou d'absoudre ceux qui leur sont soumis. Cette doctrine est de la foi, unanimement et constamment enseignée et pratiquée dès les temps apostoliques. Les conciles, les souverains pontifes, les docteurs, toutes les traditions et tous les monuments catholiques, en recommandant aux Évêques l'exercice d'une autorité paternelle, ne font que la confirmer. La doctrine contraire, tendant à soumettre l'Évêque ou ses jugements au contrôle de ses inférieurs, serait donc contraire à l'ordre établi par Jésus-Christ, renverserait la hiérarchie, jetterait le trouble et la confusion dans l'Église, et anéantirait la divine autorité.

L'auteur du Mémoire avait-il cet enseignement bien présent à l'esprit lorsqu'il a imaginé le tribunal arbitral ? Il paraît que non; et nous lui rendons un service important, en le lui rappelant. S'il nous permet de pousser encore plus loin notre obligeance, nous le prierons de lire les dissertations du savant cardinal de la Luzerne sur les droits et les devoirs respectifs des évêques et des prêtres, ainsi que la circulaire de Monseigneur, n° 40, au sujet d'un Mandement de Mgr. l'Archevêque de Paris portant condamnation du Recueil périodique de l'abbé Clavel.

Le tribunal arbitral, quels que soient les éléments qui le composent, perd donc ici beaucoup de sa valeur : et nous pouvons bien trancher le mot, l'auteur du Mémoire aperçoit déjà qu'il n'en a aucune. Que les particuliers choisissent des arbitres pour terminer leurs différents, nous le comprenons : et, à l'exemple de l'Apôtre qui le conseillait aux fidèles, nous le conseillons souvent nous-mêmes, comme un moyen très propre à maintenir l'union, la charité et la paix. Mais s'avisent-ils jamais de faire réviser devant un tribunal arbitral composé de leurs pairs, la sentence des tribunaux civils qui les auraient condamnés ? Il n'en est pas un seul qui ne regardât cette idée comme une absurdité choquante.

Le tribunal en question pécherait donc par la base, serait entaché du plus grand des vices, celui du défaut d'autorité et de compétence. Ce devrait être sa première décision ; et dès lors, il ne pourrait amener à aucun résultat.

Avant la publication du Mémoire, son auteur avait déjà tenté cette voie auprès de quelques curés de notre conférence. Ils découvrirent de suite le vice de cette proposition, et n'eurent rien de plus pressé que de repousser les ouvertures qui leur furent faites à ce sujet. Cette même proposition que tous ont été si surpris de trouver dans le Mémoire, a été, par un mouvement spontané autant qu'unanime, flétrie par une protestation qu'ils ont cru devoir adresser à Mgr. l'Archevêque dans leur réunion cantonale du 20 septembre dernier. Nous la joignons à notre réponse, pour l'instruction de M. Tardivail sur l'autorité de la compétence du prétendu tribunal arbitral, et aussi pour tous ceux que cette pensée aurait pu impressionner.

Mais ne faisons pas à l'auteur du Mémoire l'injure de croire qu'il propose le tribunal d'une manière sérieuse. Non, il savait bien que son honneur de prêtre ne pouvait se réhabiliter de la sorte : et s'il n'a pas accepté les moyens qui lui ont été offerts pour le conserver, y aurait-il témérité à dire que les motifs de son refus ont pris leur source dans cette *position heureuse*, dont il paraît si fort préoccupé, et qu'il nous dépeint avec tant de complaisance ? A cette idole qui fait le charme de son cœur, il ne craint pas d'immoler la plus riche victime, d'offrir le plus grand des sacrifices. Car parviendrait-il, par ses artifices, à capter la faveur de l'opinion, cette faveur le dédommagera-t-elle jamais de la perte de l'estime de son Évêque, de celle de ses confrères, de la considération des gens de bien ? Ah ! ce n'est pas ainsi que l'Apôtre prisait les faveurs des hommes, lui qui osait bien leur dire qu'il ne tenait aucun compte de leurs jugemens, s'ils ne s'accordaient avec le jugement de Dieu et le témoignage de sa conscience.

Qu'il nous soit permis, en terminant, de donner quelques conseils charitables à M. l'abbé Tardivail. Nous ne voulons pas trop chercher à pénétrer dans les motifs qui peuvent l'avoir engagé à publier son Mémoire ; mais il serait tombé dans une bien grave erreur, en pensant qu'il pourrait par là se réhabiliter dans l'esprit public, et reconquérir l'estime des gens de bien. Qu'il cesse, nous l'en conjurons, de fonder là dessus de vaines espérances. Pour lui, comme pour tout prêtre, il n'y a qu'un seul moyen de dissiper le nuage qui couvre son honneur, c'est de détruire le mur de séparation qu'il a posé entre lui et son Évêque, et de rentrer en grâce avec lui. Nous l'exhortons donc à rompre les liens qui l'attachent à sa position présente. Qu'il ne vante plus *ce repos bien-aimé* qui semble faire toutes ses délices, et *ce bien-être* où il croit trouver tant de félicité. Eh ! de quoi servirait-il à l'homme de vivre dans l'abondance, s'il est privé du plus précieux de tous les trésors, qui est l'honneur ! Quelle position plus déchirante, que celle d'un prêtre qui se trouve condamné à l'isolement le plus affreux ! Pour lui, plus de confrères, plus d'amis dans le sacerdoce : tout a fui, tout s'est séparé de lui. N'est-ce pas là un supplice continuel ?

L'honneur fait donc un devoir à M. Tardivail de sortir promptement de cette triste position. Mais sa qualité de prêtre lui en impose une obligation bien plus impérieuse encore. Nous ne sommes pas prêtres pour nous seuls, ni pour vivre dans l'oisiveté. Rien n'est plus opposé à l'esprit du sacerdoce, que de vouloir mener une vie tranquille et retirée : le repos nous devient un crime. M. Tardivail le sait aussi bien que nous. Croit-il que son caractère sacré puisse lui permettre de perdre par un repos prématuré le fruit d'une vie entière de travaux que l'église attend de lui ? Soldat sans courage, que fera-t-il à l'ombre du toit sous lequel il habite ? Fermera-t-il ses oreilles à la voix de son

Dieu, de son Roi qui l'appelle, et qui lui défend de languir
à son âge dans un repos indigne de sa vocation ? Non, nous
nous plaisons à croire que le temps et les leçons du malheur
auront amené de meilleurs sentiments. M. Tardivail se sou-
viendra des paroles pleines de charité que notre premier
Pasteur lui a adressées, et qu'il n'a cessé de lui faire entendre
dans les diverses circonstances où il s'est trouvé près de sa
personne. Le vénérable Prélat est toujours bon, toujours l'ami
de ses prêtres. Que M. Tardivail aille donc se mettre à sa dis-
position et déposer entre ses mains le soin de son avenir : qu'il
aille avec confiance se réfugier dans ce sein paternel : alors
son âme inquiète sera délivrée des tourments dont elle est
depuis longtemps agitée : elle retrouvera enfin le repos et
la paix.

DOUSSET, *curé.*

PROTESTATION

DE MM. LES CURÉS DE LA CONFÉRENCE DE GIMONT, AU SUJET DU MÉMOIRE, DRESSÉE LE 20 SEPTEMBRE DERNIER ET PRÉSENTÉE A MONSEIGNEUR LE 21.

MONSEIGNEUR,

Les membres soussignés de la conférence de Gimont, dont l'attachement profond à la foi et à la discipline de l'Église, comme le respect pour vos jugements, la vénération et le dévouement sans bornes à votre personne, vous sont connus, sentent le besoin, dans les circonstances pénibles où ils se trouvent, de venir déposer aux pieds de votre Grandeur, les sentiments de répulsion qu'a excités en eux un Mémoire que vient de leur adresser M. l'abbé Tardivail.

Dans cet opuscule M. Tardivail s'efforce d'établir son innocence relativement à une mesure qui l'a frappé, il y a quelques jours. Nous repoussons, Monseigneur, les moyens étranges qu'il a cru devoir employer ; nous déclarons que l'idée du tribunal arbitral sur laquelle il fonde tant d'espoir est anti-canonique, en ce que l'évêque est le juge naturel de ses prêtres, et qu'à lui seul appartient de droit divin le pouvoir de prononcer des jugements ecclésiastiques.

Nous repoussons le dit Mémoire comme injurieux à Votre Grandeur, en ce qu'il insinue que la suspense qui est intervenue a été prononcée sans connaissance de cause.

Nous le repoussons enfin, comme injurieux à nous-mêmes, en ce qu'en nous l'adressant, M. Tardivail a cru sans doute qu'il jetterait dans notre esprit les sentiments de défiance qu'il insinue contre l'autorité épiscopale. Les soussignés s'estiment heureux, Monseigneur, si la protestation qu'ils ont l'honneur de vous adresser, et qu'ils regardent comme un devoir, soulage la peine que cette triste et scandaleuse affaire a dû vous causer.

DOUSSET, curé. DÉCAMPS, curé. LABORDE, curé. PÉRARO, curé. VILADE, curé. LOUIT, curé. CASTAING, curé. SANCE, curé. MARESTAING, curé. LASSERRE, curé. MÉNANT, curé. SABY, curé. BAYLAC, vicaire. DE LAVIGNE, vicaire. DUCASSÉ, vicaire. PUJOS, vicaire.

Auch, Imp. de J.-A. PORTES.

9 782019 248215